Frugalismus für Einsteiger

Wie Sie mit einfachen Strategien Ihre persönliche finanzielle Freiheit erreichen, dem Hamsterrad entfliehen und alle Geldsorgen hinter sich lassen

Annika Reinmann

Alle Ratschläge in diesem Buch wurden sorgfältig erwogen und geprüft. Eine Garantie kann dennoch nicht übernommen werden. Eine Haftung des Autors beziehungsweise des Verlags für jegliche Personen-, Sach- und Vermögensschäden ist daher ausgeschlossen.

INHALT

Frugalismus

In diesem Buch erfährst du alles rund um das Thema Frugalismus. Woher kommt der Frugalismus und was bedeutet der Begriff überhaupt?

Vielleicht kennst auch du jemanden, der nach dieser frugalen Lebenseinstellung lebt, jemanden der dabei ist, seine finanzielle Unabhängigkeit aufzubauen oder jemanden, der schon genau das erreicht hat.

Durch dieses Buch lernst du, mit welchen Tipps und Tricks auch ich es geschafft habe, mein Geld so gut es geht zu sparen und einzuteilen, sodass ich dieses wiederum sinnvoll und effektiv anlegen konnte, um heute finanziell frei zu sein. Du erfährst außerdem die verschiedenen Anlagestrategien sowie Anlagemöglichkeiten mit den dazugehörigen Vorteilen, aber auch den Risiken, und worauf du bei diesen jeweils achten solltest. Wenn du dein Geld sinnvoll anlegst, gehst du sicher, dass du es nicht durch das Anlegen auf dem quasi unverzinsten Sparbuch und die Inflation nach und nach verlierst. Denn bereits in der Vergangenheit gab es mehrmals eine dramatische Preisentwicklung und einen damit einhergehenden Wertverlust des Geldes.

Lerne also aus der Vergangenheit und von den Leuten, die schon dort sind, wo auch du hinkommen möchtest. Mit der richtigen Umsetzung der Techniken und Tipps, in Bezug auf die Persönlichkeitsentwicklung, das Sparen und die Auswahl der richtigen Wertanlage, kannst auch du es schaffen, finanziell frei zu werden. Es ist alles eine Frage des Willens und wer es will, schafft es.

FRUGALISMUS – WAS IST DAS?

Der Frugalismus ist eine Bewegung, die ursprünglich aus den USA stammt. Das Wort Frugalismus leitet sich von dem englischen Wort frugal ab, welches so viel bedeutet wie sparsam oder bescheiden. Und genau hierum geht es. Das Ziel dieser Bewegung ist es, so viel

Geld wie möglich sinnvoll zu investieren und anzulegen, um dann von dessen Renditen und Erträgen leben zu können und nicht mehr arbeiten zu müssen. Um dieses Ziel zu erreichen, musst du also auf einige Dinge verzichten. Dein Leben solltest du aber dennoch bestmöglich gestalten, um zufrieden zu sein. Wichtig hierbei ist, dass du immer positiv motiviert bist. Wenn du ein Ziel vor Augen hast, einen Wunsch, weshalb du diese Richtung einschlägst, wird es dir gelingen, in Zukunft von deinen Renditen und Erträgen leben zu können und zur finanziellen Freiheit zu gelangen.

Nicht zu verwechseln ist der Frugalismus jedoch mit dem Minimalismus. Während man beim frugalen Lebensstil nach der finanziellen Freiheit strebt, verzichten die Minimalisten auf bestimmte Gegenstände im Haushalt und allgemein im Leben. Man kann also sagen, dass sie sich darin unterscheiden, dass der Minimalismus für Konsumverzicht sowie Vereinfachung steht und der Frugalismus für Vermögensaufbau. In einer Sache ähneln sie sich allerdings dennoch: Um zur finanziellen Freiheit zu gelangen und möglichst früh in Rente gehen zu können, musst du einen Großteil deines Einkommens anlegen und auf einige Dinge verzichten. So solltest du anfangen, deine Ausgaben zu reduzieren. Überlege, was du wirklich brauchst und was du rein aus einem Impuls kaufen würdest. Es bietet sich bei einigen Dingen, wie etwa bei Möbeln, außerdem an, sie gebraucht statt neu zu kaufen. Wenn du noch nicht in einer günstigen Wohnung lebst, solltest du dir diese suchen. Ebenso solltest du auf Genussmittel wie Zigaretten oder Alkohol verzichten. Auch Partys und Shoppingtouren fallen erst mal flach, bis du dein Ziel erreicht hast. Aber bist du an deinem Ziel, kannst du dies dafür in einem noch viel schöneren Umfang tun. Was dir vielleicht schwerfallen wird, sofern es überhaupt möglich ist, ist der Verzicht auf das Auto. Auch auf Restaurantbesuche oder teure Technik wird verzichtet.

Die Disziplinen der Genügsamkeit und der Sparsamkeit werden immer wieder angepriesen, doch leider von den wenigsten Menschen richtig umgesetzt. Die Sparsamkeit bedeutet nicht, dass du dir gar nichts mehr gönnen darfst. Sie bedeutet vielmehr, dass du das sparen solltest, was über das wirklich Benötigte hinausgeht – und was letztendlich genügt, musst du selbst für dich entscheiden. Als Maßstab kannst du dich daran orientieren – was genügt dir wirklich, um ein glückliches Leben zu führen? Was muss unbedingt sein und was nicht?

WIE IST DIE FRUGALISMUS-BEWEGUNG ENTSTANDEN?

Entstanden ist dieser Lebensstil im Jahr 2008 während der Wirtschaftskrise in den USA. Einige Menschen in der US-Bevölkerung fingen an, Ihre Ausgaben zu hinterfragen und darauf zu achten, kein unnötiges Geld auszugeben. Das Ziel war auch hier, größere Freiheiten zu erreichen, auf Kredite zu verzichten und schnellstmöglich aus dem Job-Alltag auszusteigen.

Ein zweiter Punkt der Entstehung war die Gegenbewegung gegen den grenzenlosen und übermäßigen Konsum und die Reaktion auf die Kreditwirtschaft. Schon seit mehreren Jahrzehnten gibt es in den USA die FIRE-Bewegung. Diese Bewegung steht für Financial Independence, Retire Early. Also finanzielle Unabhängigkeit und früher Ruhestand.

UM WAS GEHT ES GENAU BEIM FRUGALEN LEBENSSTIL?

Bei diesem Lebensstil oder dieser Einstellung geht es nicht nur um den Verzicht und die sinnvolle Geldanlage. Deine Lebensqualität wird nicht reduziert. Du solltest lediglich sparsamer sein und alles in einen guten Einklang miteinander bringen. Ebenso geht es um das Hinterfragen deiner eigenen Gewohnheiten. Oft finden sich einige Punkte, bei denen auch du dein Geld unnötigerweise verlierst. Als kleines Beispiel Netflix und Co. – ist das wirklich notwendig? Brauche ich das unbedingt?

Die Antwort ist ziemlich einfach und lautet: Nein. Muss ich heute unbedingt im Restaurant essen gehen oder bin ich auch zufrieden, wenn ich zu Hause etwas zum Essen koche? Ein echter Frugalist wird sich gegen das Restaurant entscheiden. Man kann also sagen, dass man auf Status und teuren Besitz verzichtet.

DIE 4 %-REGEL UND WIE VIEL GELD DU IN ETWA FÜR DIE FINANZIELLE UNABHÄNGIGKEIT SPAREN SOLLTEST

Um zu wissen, wie viel Geld du sparen musst, kann dir diese Faustregel helfen. So musst du für deine finanzielle Unabhängigkeit etwa das 25-fache deiner jährlichen Ausgaben investieren. Ein kleines Beispiel: Kommst du im Monat mit 1500 Euro aus – also 18.000 € pro Jahr – musst du also rund 450.00 Euro sparen, sinnvoll anlegen und investieren. Hierbei kommt es nicht nur auf das Einkommen an. Kommst du im Monat mit weniger Geld aus, kannst du im Monat auch mehr zurücklegen. Außerdem musst du in diesem Falle weniger Geld sparen, bis die Erträge deines Vermögens zum Leben reichen.

Anlegen kannst du dein Geld dann in zum Beispiel Aktien, Immobilien, Fonds oder andere Investitionsmöglichkeiten, sodass du von den Zinsen, Dividenden oder den Mieteinnahmen leben kannst. Bist du an diesen Punkt angelangt, treten deine Kapitalerträge mit deinen Ausgaben in einen Wettstreit. Warum ist ganz einfach: Gibst du das Geld aus, schrumpft es und durch die Kapitaleinkünfte wird es (wieder) mehr. Natürlich kannst du dein Vermögen auf ein Festgeldkonto einzahlen, bei dem dir Zinsen gewehrt werden. So könntest du immer das Geld, welches du durch die Zinsen erhältst, ausgeben, damit dein Vermögen nicht weniger wird. Allerdings ist diese Herangehensweise nicht unbedingt empfehlenswert. Es muss also eine Anlagemöglichkeit her, mit der du größere Renditen erwirtschaften kannst. Diese finden wir allerdings nur bei risikoreichen Investments wie bei Aktien oder dem Trading auf zum Beispiel fallende und steigende Währungskurse oder den Kryptowährungen. Das Problem hierbei ist allerdings, dass diese keine konstanten

Erträge und Renditen liefern und, wie schon erwähnt, risikobehaftet ist. So kann es durchaus auch mal sein, dass du an Geld verlierst. Kalkulieren ist also nicht immer ganz einfach.

Wir brauchen also eine andere Rechnung. Glücklicherweise haben bereits Forscher 1998 aus der Trinity Universität aus Texas eine durchgeführt. In dieser Trinity-Studie reisten die Wissenschaftler virtuell zurück in das Jahr 1925 und legten dort ein fiktives Geldvermögen zur Hälfte aus Anleihen und zur anderen Hälfte aus US-Aktien, an. Als nächsten Schritt berechneten die Wissenschaftler, wie viel dieses Vermögens man hätte in den folgenden Jahren ausgeben können, ohne innerhalb von 30 Jahren pleite zu gehen.

Diese Rechnung haben die Trinity-Wissenschaftler für alle einundvierzig 30-Jahreszeiträume zwischen dem Jahr 1925 und 1995 wiederholt. Also für die Zeiträume 1926-1955, 1927-1956 und so weiter. Bei dem darauffolgenden Ergebnis zeigte sich, dass man selbst im schlechtesten Fall nicht pleite gegangen wäre, wenn man höchstens rund vier 4 % seines anfänglichen Kapitals entnommen hätte. Diese Rechnung wurde von mehreren anderen Wissenschaftlern aktualisiert und auch neu durchgeführt. Das Resultat waren ähnliche Ergebnisse, sodass die 4-Prozent-Regel der Trinity-

Studien auch heute noch ihre Berechtigung und Gültigkeit, als Faustregel, besitzt.

Das bedeutet also, wenn du rund 4 Prozent jährlich, also ein fünfundzwanzigstel, deines anfänglich angesparten Geldes ausgeben kannst, benötigst du umgekehrt ebenso das 25-fache deiner jährlichen Ausgaben, damit du dein angespartes Vermögen komplett decken kannst.

Nicht zu vergessen ist allerdings, dass dies lediglich eine Faustregel ist und von Mensch zu Mensch unterschiedlich ausfallen kann. In dieser Studie musste das fiktive Vermögen lediglich 30 Jahre bestehen. Außerdem wurde in dieser Studie nur mit Anleihen und US-Aktien gerechnet und Steuern sowie Gebühren außen vorgelassen. Wobei diese in den USA nicht sonderlich ins Gewicht fallen, in Deutschland können sie allerdings schon rund 26 % der Erträge betragen. Ebenso lassen sich die Renditen aus der Vergangenheit nicht 1 zu 1 in die heutige Zeit übertragen. Es bleibt also ein gewisser Diskussionsspielraum bei der 4-Prozent-Regel.

Allerdings darf nicht außer Acht gelassen werden, dass man durchaus auch auf anderen Wegen weiter sein Vermögen vermehren kann. Sei es durch ein eigenes Business oder ein anderes Projekt. Es ist und bleibt lediglich eine Faustregel dafür, wie viel Geld du in etwa brauchst, um deine finanzielle Unabhängigkeit zu erreichen und nicht mehr arbeiten zu müssen. Hast du also das 25-fache deiner jährlichen Ausgaben bereits angespart, kannst du deinem Chef guten Gewissens die Kündigung in die Hand drücken.

TECHNIKEN/METHODEN UND TIPPS FÜR DIE FINANZIELLE FREIHEIT UND EINE BESSERE IMPULSKONTROLLE

Damit du zu einer besseren Impulskontrolle gelangst, gibt es unterschiedliche Techniken und Tipps. Mit den nachfolgenden Punkten möchte ich dir einmal aufzeigen, wie auch ich es damals geschafft habe und wie auch du den Anfang zur finanziellen Freiheit angehen kannst.

1. Regel

Die erste Regel bezieht sich auf dein Bewusstsein. Es gibt Alternativen in Bezug auf die Rente mit 65. Ebenso bezieht sie sich auf das Streben nach mehr Freizeit und letztendlich Freiheit. Denn genau hierum geht es im Leben des Frugalismus. Mache dir also die bestehenden Alternativen bewusst, damit auch du nicht bis 65 arbeiten musst, sondern deine Freiheit, deine Freizeit und dein Leben so genießen kannst, wie du es möchtest.

2. Regel

Sei dir deinem Ziel der finanziellen Freiheit und deinem Verhalten, wie du dieses Ziel erreichen kannst, bewusst. Das bedeutet, sei dir darüber im Klaren, dass du mit deinem Konsumverhalten darüber entscheidest, ob du dein Ziel erreichst oder nicht. Gehe durch deine Wohnung und überlege dir, was du wirklich brauchst und was nur zusätzliches Zeug ist, welches Unordnung macht. Die meisten Dinge haben keinen wirklichen Nutzen. Diese könntest du verkaufen und das Geld stattdessen sinnvoll anlegen.

Bei dem Kauf von neuen Gegenständen solltest du selbstverständlich mit der gleichen Einstellung herangehen. Möchtest du also mit 40 oder 50 in Rente gehen, musst du früh anfangen, auf dieses Ziel hinzuarbeiten.

3. Regel

Befreie und bereichere dich. Dies schaffst du durch den Verzicht auf Dinge, die du nicht im Alltag brauchst und dies sind deutlich mehr Dinge, als die meisten annehmen. Somit ist die 3. Regel für dich auch eine der wichtigsten.

Die meisten Menschen gehen impulsgesteuert durch das Leben. Ihre Konsumkäufe sind rein emotional gesteuert und nicht rational. Das bedeutet, ein emotionaler Kauf befriedigt die inneren Triebe, ist aber nicht für den Alltag notwendig. Somit sind diese Käufe herausgeschmissenes Geld.

4. Regel

Bevor du dir etwas Neues anschaffen möchtest, warte 30 Tage. Gibt es starke Argumente, weshalb dieser Kauf wirklich notwendig ist oder ist dieser auch nur emotional gesteuert? Solltest du also mit dem Gedanken spielen, dir etwas Neues zu kaufen, denke darüber nach, ob diese Sache für dich der Zweck oder ob sie der Mittel zum Zweck ist, also ob sie dich weiterbringt oder nicht. Frage dich in dieser Zeit ehrlich, ob du diese Sache wirklich benötigst. Entscheide rational und nicht emotional. Kannst du nach Ablauf dieser 30 Tage die Frage mit einem deutlichen „ja" beantworten, kannst du dir diese Sache kaufen. Wenn nicht, lasse es sein.

Durch diese Regel gelangst du zu mehr Impulskontrolle, die dir auf dem weiteren Weg zur finanziellen Freiheit nur zugutekommt. Vor allem in der heutigen Zeit der sofortigen Belohnung – instant gratification – sowie auch der sofortigen Lieferung von verschiedenen Anbietern, gelangt man immer wieder in innere Konflikte mit seinem Impuls.

Diese werden schließlich durch die 30-Tage-Regel durchbrochen und gewisse Angewohnheiten dadurch abgelegt.

5. Regel

Bei der 5. Regel geht es darum, dass du dein Geld nur für Dinge ausgeben solltest, die dich weiterbringen und die zum Leben notwendig sind. Sei dir bewusst, wofür du dein Geld tatsächlich ausgibst. Hierfür kannst du dir Umschläge zur Hilfe nehmen und diese in verschiedene Kategorien einteilen. In jeden dieser Umschläge legst du einen geschätzten Betrag hinein und passt ihn letztendlich im kommenden Monat an, bis du genau weißt was du zum Leben brauchst und wo du Geld einsparen kannst.

Du kannst dir auch ein Kontensystem anlegen, welches diese Einteilung automatisch für dich übernimmt. Dies bietet sich vor allem in der heutigen Zeit, wo das meiste digital bezahlt wird, an. Dieses Kontensystem werde ich dir später erklären.

6. Regel

Damit du Impulskäufe besser vermeiden kannst, solltest du dir vor Augen halten, wie viele Stunden Arbeit du leisten müsstest, um dir diese Sache zu kaufen. Häufig entscheidet man sich dann schon dagegen.

Das 6-Konten-Modell

Das 6-Konten-Modell ist durch den Amerikaner T. Harv Eker entstanden. Mittlerweile verwenden viele erfolgreiche Menschen dieses Modell oder haben es an ihre Bedürfnisse angepasst. Grund genug, um es selbst auch mal auszuprobieren. Denn wenn du dich an erfolgreichen Menschen orientierst, hilft es dir, selbst auch erfolgreich zu werden. Ob du nun dieses Modell genauso umsetzt, ist dir überlassen, es dient hier lediglich als Beispiel. Du kannst dieses Modell auch auf die Konten 1, 4, 5 und 6 reduzieren.

Denke immer daran: Je mehr Geld du einsparen und auf dein Konto für verschiedene Investitionen einzahlen kannst, desto schneller bist du an deinem Ziel der finanziellen Freiheit.

Konto 1 – laufende Ausgaben ~ 50-55 %

Als laufende Ausgaben zählen all deine Fixkosten. Also Fahrtkosten, Lebensmittel, die Miete und Versicherungen etc. Bei den meisten Menschen machen die Fixkosten rund 50-55 % des Einkommens aus. Gucke also genau, wie hoch deine Fixkosten sind und passe dieses Konto entsprechend an.

Konto 2 – Spaß ~ 5-10 %

Dieses Konto ist dafür gedacht, dass du dir hin und wieder auch mal etwas Gutes tun kannst. Sparen und auf das Geld achten ist wichtig. Für sich selbst jedoch mal etwas Gutes tun ist es ebenso. Falls du auf dieses Konto verzichten möchtest, legst du diese 5-10 % zusätzlich auf das Konto für Investitionen.

Konto 3 – Spenden ~ 5 %

Bei diesem Konto geht es darum, dass du Geld für andere Menschen oder Organisationen anlegst, um diesen zu helfen. Dies hilft dir loszulassen und du merkst, dass genug da ist. Du bekommst ein anderes Gefühl für dein Geld.

Konto 4 – Rücklagen ~ 10 %

Bei dem Rücklagenkonto solltest du die 10 % deines Einkommens anlegen, um bei unvorhergesehenen Dingen, wie eine kaputte Waschmaschine, gewappnet zu sein und nicht an das wichtigste Konto herangehen zu müssen.

Konto 5 – persönliche Weiterbildung ~ 10 %

Die wichtigste Investition die du leisten kannst, ist die Investition in dich selbst. Deine Weiterbildung hilft dir, dein Ziel der finanziellen Freiheit zu erreichen. Die meisten erfolgreichen Menschen haben in ihrer Vergangenheit ebenso Geld in ihre Weiterbildung gesteckt, sonst wären sie heute nicht da, wo sie jetzt sind. Deine Weiterbildung bezieht sich auf Seminare oder Bücher sowie Workshops, Online-Kurse und Coachings. Vor allem im Bereich „sinnvolle Investments" und „Mindset" gibt es zahlreiche wirklich gute Bücher, Seminare und Coachings.

Konto 6 – für langfristige Sparziele/ Konto für Investitionen

Dieses Konto stellt für dein Ziel neben Konto-5 das Wichtigste dar. Hier wird alles an Geld, was du übrig hast, irgendwo einsparen kannst, oder das Geld der Renditen deiner Investitionsanlage eingezahlt.

Das wichtigste für dieses Konto wiederum ist, dass du dieses niemals anrührst, außer, um dieses Geld irgendwo anders sinnvoll zu investieren, damit du wiederum größere Renditen erwirtschaften kannst als die Zinsen dieses Kontos hergeben. Lasse also auch du dein Geld für dich arbeiten und nicht andersherum.

WELCHE KONTOART SOLLTE ICH HIERFÜR VERWENDEN?

Nun, das hängt im Grunde von dir selbst ab. Jedoch ist es in der heutigen turbulenten Zeit der Finanzmärkte sinnvoll, nicht alles bei einer Bank anzulegen. Das Stichwort ist Diversifizierung. Das bedeutet, dass durch die Ausweitung der Wahlmöglichkeiten, also der verschiedenen Konten, die Chancen erhöht und wiederum die Risiken minimiert werden. Diese Diversifizierung kannst du nun in Form der zeitlichen Diversifizierung – durch monatliche Abschläge oder Raten, Devisen-Diversifizierung – also durch unterschiedliche Währungen, die institutionelle Diversifizierung – somit durch unterschiedliche Finanzinstitute oder durch die internationale Diversifizierung durch unterschiedliche Länder erreichen.

Dir bleibt somit die Wahl von normalen Bargeldkonten mit dazugehörigen Unterkonten, Direktbanken (wobei diese immer wieder in Kritik geraten), einem Multiwährungskonto, einem Online-Wallet für Kryptowährungen, sowie für virtuelle und internationale Zahlungsdiente.

GELDSPAR-TIPPS

Wie du dein Geld sparst, ist natürlich dir überlassen. Ich möchte dir dennoch ein paar Tipps geben, mit denen auch ich damals, so gut es eben ging, mein Geld gespart und dadurch mein Ziel schneller erreicht habe.

1. Geschenke selber machen. Selbstgemachte Geschenke sind in den meisten Fällen günstiger als Gekaufte. Wenn du nicht unbedingt zu der kreativen Sorte Mensch gehörst, findest du im Internet zahlreiche Geschenk-Ideen.

2. Aktivitäten zu Hause. Dies ist wahrscheinlich keine große Überraschung. Lade also deine Freunde zu dir nach Hause ein und startet einen netten Abend mit Spielen oder einem Film. Mit selbstgekochtem Essen und einer spannenden Unterhaltung kannst du den Abend abrunden.

3. Einkaufslisten schreiben. Bevor du einkaufen gehst solltest du alles auf eine Liste schreiben, was du benötigst und solltest dich auch genau an diese halten. Am besten planst du immer für einen längeren Zeitraum. Lasse dich nicht von Angeboten oder anderen Dingen dazu verleiten, mehr als das auf der Liste zu kaufen.

4. Regional und saisonal. Hierauf solltest du beim Einkauf außerdem achten. Nicht immer, aber meistens sind vor allem die saisonalen und auch die regionalen Lebensmittel günstiger als die, die lange Transportwerge hinter sich haben.

5. Kleiderschrank aufräumen. Wenn auch du zu den Personen gehörst, die Kleidung kaufen, obwohl sie diese nicht unbedingt benötigen, lohnt es sich, den Kleiderschrank aufzuräumen. Du findest sicher einige Kleidungsstücke, die dir entweder nicht mehr gefallen oder die du einfach nicht mehr brauchst. Verkaufe sie und nutze das Geld sinnvoll.

6. Kaputte Dinge reparieren. Häufig werden kaputte Dinge einfach weggeworfen und neu gekauft, obwohl man sie hätte reparieren können. Die Reparatur spart nicht nur Geld, sondern verändert auch dein Konsumverhalten.

7. Wasser trinken. Die meisten Menschen trinken viel zu wenig Wasser am Tag. In Deutschland haben wir das Glück, dass wir eigentlich fast überall sauberes Leistungswasser haben, was wir bedenkenlos trinken

können. Du kannst also einiges an Geld einsparen, wenn du auf Softdrinks und Co. verzichtest und stattdessen auf Leitungswasser umsteigst.

8. Auf Liefer-Services verzichten und selber kochen. Wenn du auf den Lieferservice verzichtest, kannst du viel Geld sparen. Koche stattdessen lieber selbst. Dies ist nicht nur deutlich gesünder, sondern du kannst auch mehr kochen und das am nächsten Tag noch mal davon essen. Das spart doppelt.

9. Nutze LED-Lampen. Die LEDs verbrauchen nur einen Bruchteil des Stroms, den herkömmliche Lampen verbrauchen. Hierdurch kannst du zusätzlich einiges an Geld sparen. Da die Strompreise immer höher werden, lohnt es sich generell, die Elektrogeräte zu kontrollieren und nach dem Stromverbrauch zu gucken.

MIT DIESEN SCHRITTEN ERREICHST AUCH DU DIE FINANZIELLE FREIHEIT

Damit du dieses Ziel erreichen kannst, musst du dich selbst motivieren. Du brauchst, wie auch ich damals oder jeder andere, der dieselben Ziele hat, ein eigenes „Warum".

1. Frage dich, warum du finanziell frei sein möchtest. Möchtest du nicht mehr für andere Menschen arbeiten? Möchtest du das tun, was du möchtest und unabhängig von deiner Arbeit sein? Deine Zeit und dein Leben selbst bestimmen? Tun, was du möchtest und wann du es möchtest? Willst du deine Familie finanziell unterstützen?

2. Eigne dir viel Wissen in unterschiedlichen Bereichen an, die dich weiterbringen.

3. Achte stets auf die Leute in deiner Umgebung von ihnen kannst du immer lernen. So kannst du von reichen Menschen lernen, wie sie es geschafft haben, das zu erreichen, wo du auch hin möchtest, und von armen Menschen oder Menschen, die sich immer über alles

beschweren, aber selbst nichts daran ändern, kannst du lernen, was du in Zukunft am besten vermeiden solltest.

4. Der Anfang ist nie zu spät. Du kannst in jedem Alter dein Investitionsprogramm starten.

5. Dein Investitionsprogramm steht an erster Stelle. Halte also deine Ausgaben gering und schaffe dir keine Schulden/keinen Kredit an.

6. Hole dir Rat und einen Coach, wenn du nicht weiter weißt.

7. Achte darauf, dass sich deine Anlagen selbst finanzieren.

8. Suche dir jemanden, der als dein Vorbild fungiert und lerne von ihm.

9. Gib anderen etwas. Nicht nur nehmen, sondern auch was geben ist das Motto. Du solltest also anderen, die dasselbe Ziel verfolgen wie du, auch mit Rat und Tat zur Seite stehen. Ihr könnt euch außerdem gegenseitig motivieren und unterstützen. Vor allem das ist sehr wichtig.

LEBEN MIT 1000-1200 €
MONATLICH

Zu investieren, sobald man Geld hat, ist eine ziemlich schlechte Einstellung. Denn wer so denkt, wird niemals Geld haben und schon gar nicht Geld zum Investieren. Falls du auch so denkst, solltest du diese Einstellung dringend ändern. Verzichte auf gewisse Dinge und wenn du es wirklich willst, wirst du es auch schaffen, mit gerade einmal 1000-1200 Euro im Monat auszukommen. Die Lebensumstände verschiedener Personen variieren natürlich. Somit ist es für eine Familie oder kranke Menschen, die ihre Medikamente selbst zahlen müssen, schwierig, mit dieser Summe auszukommen. Diese Summe bezieht sich allerdings auf die Gruppe, welche durchaus mit dieser Summe auskommen könnte, wenn sie sich an die Tipps und Tricks aus diesem Buch hält.

Als wichtigster Antrieb in dieser Sache ist die eigene Motivation. Nur wenn du motiviert bist und von der Sache überzeugt bist, wirst du dich finanziell in diesem Rahmen bewegen können. Du musst bereit sein, dich umzuorientieren. Mache dir also wieder bewusst, was du wirklich zum Leben brauchst. Ich möchte dir anhand des nachfolgenden Beispiels zeigen, wie es aussehen könnte, mit 1000-1200 Euro monatlich zu leben.

Wohnung

Für die Wohnung kann man so 500-700 € inkl. Nebenkosten einplanen. Natürlich sind die Mietpreise in der heutigen Zeit ein großes Problem. Doch wer suchet, der findet. Das Ziel der Wohnungssuche ist nicht, eine drei oder vier-Zimmerwohnung für 500 Euro zu finden, wobei auch das in gewissen Regionen mit etwas Glück durchaus möglich ist.

In Großstädten wie München oder Hamburg wäre es hingegen eher eine Ein-Zimmerwohnung. Doch du darfst nicht dein Ziel aus den Augen verlieren und dies ist nicht, eine möglichst großzügige Wohnung zu finden, sondern dein Geld bewusst zu sparen und so auch in deinen eigenen Ansprüchen einige Abstriche zu machen. Du kannst auf 40 m² genauso gut leben wie auf 100 m². Tatsächlich eignet sich für dein Ziel eine kleinere Wohnung besser, denn deine Möglichkeiten, unnötige Dinge zu kaufen, sind dann begrenzt, da es auch der Platz in deiner Wohnung ist. Je größer nämlich die Fläche ist, desto mehr Dinge werden angeschafft und desto mehr Dinge können auch kaputtgehen, welche wiederum erneuert oder repariert werden müssen.

Nahrungsmittel

Beschränke deinen Einkauf auf die Grundnahrungs-
mittel. So wirst du auch mit 150 Euro im Monat auskommen und außerdem sparst du Geld. Hinzu kommt,
dass diese Ernährung gleichzeitig auch die gesündere
ist. Viele andere Dinge, die beim Einkauf im Wagen
landen, sind zum einen ungesund und kosten zum anderen auch unnötig Geld. Du tust also weder dir noch
deiner Gesundheit einen Gefallen und deinem Portemonnaie ebenso wenig. Wie du jedoch letztendlich
deine Ernährung gestaltest, ist natürlich dir selbst
überlassen.

Transport

Mit 100 Euro im Monat kannst du dir Monatskarten für
öffentliche Verkehrsmittel kaufen. Als Schüler oder
Student kannst du Vergünstigungen bekommen. Doch
auch Fahrgemeinschaften bieten sich für den Alltag an,
welche du leicht über das Internet finden wirst.
Wohnst du auf dem Land, bist du wahrscheinlich auf
das Auto angewiesen. Je nach Entfernung zur Arbeit
kommst du jedoch auch mit 100 Euro für Sprit relativ
weit. Hier sind allerdings dann keine Haltungskosten
für das Auto eingerechnet.

Weiterbildung

In sich selbst zu investieren und sich weiterzubilden, ist sehr wichtig und ausschlaggebend für deinen Erfolg. Während Seminare und Coachings relativ teuer sind, kannst du mit 50 Euro im Monat Bücher oder e-Books, welche du auf deinem Smartphone lesen kannst, kaufen und so dein Wissen immer weiter ausbauen.

Handy

Einen einfachen Handyvertrag bekommst du schon für 20 Euro im Monat. Es muss nicht immer ein Vertrag mit einem neuen Smartphone sein. Auch ein älteres Modell erfüllt seinen Zweck und kostet kein zusätzliches Geld im Monat.

Internet

Auch bei dem Internet gibt es einfache Verträge, die ungefähr 20 Euro im Monat kosten.

DER UNTERSCHIED ZWISCHEN VERMÖGEN/KAPITAL UND RENDITEN/DIVIDENDEN

Die Wörter Vermögen, Kapital, Renditen und auch Dividenden hört man immer mal wieder im falschen Zusammenhang. Damit du weißt, was diese Begriffe genau bedeuten, möchte ich sie dir hier einmal näher erklären.

Vermögen

Zum Vermögen gehören alle physischen Vermögenswerte, wie etwa Finanzanlagen oder Aktien. Aber auch Wertpapiere oder Immobilien, die Erträge abwerfen. In der Volkswirtschaft bezeichnet man die Gesamtheit aller bestehenden Gelder sowie die Ansprüche auf bestimmte Güter, wie Aktien oder Bargeld, als Vermögen.

Die klassischen Arten von Vermögen sind also Bargeld und Bankguthaben, Aktien sowie Patente und Immobilien. Weiter wird das Vermögen in zwei Arten unterteilt: das Anlage- und das Umlaufvermögen. Zudem werden die Vermögensgegenstände häufig nach der steigenden Liquidität sortiert, und zwar nach der Geschwindigkeit, in der die entsprechenden Vermögensgegenstände in Geld umgewandelt werden können. Die Umlaufvermögen befinden sich nur innerhalb einer kurzen Zeit in einem Betrieb. Während das Anlagevermögen dauerhaft zu dem Geschäftsbetrieb gehört. Somit sind die Umlaufvermögen Dinge, die man verarbeitet, verbraucht, veräußert oder für eine Rückzahlung verwendet.

Kapital

In der Volkswirtschaft bezieht sich der Begriff Kapital auf einen Produktionsfaktor neben der Arbeit. Es versteht sich als die Summe der gesamten finanziellen Forderungen sowie den sachlichen Produktionsmitteln. Hier verwendet man das Wort Kapital häufig als Synonym für Geld oder Geldkapital.

Währenddessen ist das Kapital in der Betriebswirtschaftslehre mit dem Vermögen gleichzusetzen. Hier werden in der gleichen Höhe die beiden Positionen sowohl auf der Aktiv- und auf der Passivseite der Bilanz aufgeführt. So steht auf der Aktivseite, wie weit dieses Kapital in einer Unternehmung Anwendung gefunden hat. Auch hier wird wieder zwischen dem Anlagevermögen und dem Umlaufvermögen unterschieden. Als eine Summe der gesamten zur Verfügung gestellten finanziellen Mittel befindet sich das Kapital auf der Passivseite: Als Fremd- und Eigenkapital und zeigt somit auch dessen Herkunft an. Somit sind in dem

Eigenkapital stets die Mittel, die von dem Eigentümer bereit- oder zur Verfügung gestellt wurden und in dem Fremdkapital befindet sich geleistetes Kapital, welches von externen Gläubigern kommt.

Renditen

Eine Rendite wird als Differenz zwischen dem Ertrag sowie dem Aufwand im Verhältnis zum Aufwand bezeichnet. Das bedeutet für das eingezahlte und ausgezahlte Kapital, steht der Begriff Rendite für die Verhältnismäßigkeit der Ein- und Auszahlung. Diese wird meistens in Prozent angegeben. Ebenso besitzt die Rendite immer ein Verhältnis zum Risiko. Bedeutet, je höher das Risiko einer Geldanlage ist, desto höher fällt auch die Rendite aus.

Nun wird noch zwischen zwei verschiedenen Arten der Renditen unterschieden. Dies ist einmal die Bruttorendite. Bei der Bruttorendite wird der jährliche Gesamtbetrag der Kapital- oder auch Geldanlage bezeichnet. Hierbei werden keine Inflation, keine Steuern oder andere Einflüsse berücksichtigt. Als Nettorendite versteht man den realen Kapitalzuwachs. Hier werden sowohl die Steuern als auch die Inflation oder andere Einflüsse der Kapital- oder Geldanlage berücksichtigt.

Dividenden

Eine Dividende ist ein Teil des Bilanzgewinns, welche an Aktionäre ausgezahlt wird. Diese wird wiederum auf einer Hauptversammlung von den entsprechenden Aktionären beschlossen. Wichtig zu wissen ist, dass auf die Dividende kein grundsätzliches Recht besteht. Das bedeutet, dass es sein kann, dass bei einem Gewinn dennoch keine Dividendenausschüttung stattfindet, sofern dies durch Gründe des Unternehmens notwendig ist. Ist dies jedoch nicht der Fall, erfolgt die Ausschüttung in der Regel immer nach der Hauptversammlung. Hierbei kommt es dann zu einem Dividendenabschlag des Kurses.

Außerdem kommt es bei dem Dividendenabschlag zu dem Phänomen, dass sich nach der Dividendenauszahlung die Aktienkurse häufig um einen Betrag bewegen, der ähnlich der Dividende ist. Die Aktienkurse richten sich grundsätzlich nach dem Angebot und der Nachfrage. Somit hängt der Dividendenabschlag ebenso damit zusammen, ob Anleger, wenn die Dividendenausschüttung bereits stattgefunden hat, bereit sind, weniger für die entsprechende Aktie zu bezahlen.

DIE 4 VERSCHIEDENEN EINKOMMENSVARIANTEN

Es gibt vier verschiedene Varianten wie du dein Geld verdienen kannst. Hiervon eignen sich jedoch nur zwei, um das Ziel der finanziellen Freiheit zu erreichen.

Variante 1 – der Arbeiter
Diese Variante stellt für dein Ziel der finanziellen Freiheit die Schlechteste dar. Hier vermietest du quasi, an die Firma, deine Lebenszeit für Geld. Du kannst natürlich durch Beförderungen dein Einkommen erhöhen und in manchen Unternehmen teilweise nicht schlecht verdienen, aber von der finanziellen Unabhängigkeit bist du hier weit entfernt. Deine Zeit, deine Freizeit und dein Einkommen sind also begrenzt.

Variante 2 – der Selbstständige
Du bist als Selbstständiger zwar dein eigener Chef, doch trägst du mit einem eigenen Unternehmen und evtl. Angestellten eine sehr große Verantwortung. Fährst du in den Urlaub, verdienst du kein Geld. Läuft etwas schief, geht es auf deine Kosten. Die Einkommensmöglichkeiten sind hier zwar im Vergleich zum normalen Arbeiter besser und in manchen Fällen kann das Einkommen sogar gar nicht schlecht sein, doch in

den meisten Fällen tauschst du auch hier die Zeit gegen Geld. Selbst und ständig.

Variante 3 – der Unternehmer

Bist du ein Unternehmer, bietest du eine Dienstleistung oder ein bestimmtes Produkt, was viele Menschen gerne hätten, an. Somit kannst du bei dieser Variante von der Gewinnspanne profitieren, selbst wenn du nicht aktiv arbeitest, denn dein Produkt wird schließlich weiter verkauft. Ebenso kannst du dir durch Angestellte und Partner „Zeit einkaufen". Hierdurch ist das Potenzial deines Einkommens unbegrenzt. Je mehr Partner und Angestellte dein Produkt verkaufen, desto mehr Einkommen generierst du.

Variante 4 – der Investor

Mit dieser Variante kannst du, ohne viel Zeit zu investieren, am meisten Geld generieren. Legst du als Investor Geld in verschiedenen Anlagemöglichkeiten an, erzielst du Gewinne auf dein Geld. Ebenso kannst du dein Geld streuen. Je größer diese Streuung ist, desto geringer ist das Risiko für möglichen Verlust deines gesamten angelegten Geldes und desto größer sind auch deine Renditen.

INVESTITIONSMÖGLICHKEITEN – WIE DU DAS GELD FÜR DICH ARBEITEN LASSEN KANNST UND WORAUF DU ACHTEN SOLLTEST

Wenn du dein Geld anlegen möchtest, gibt es viele verschiedene Möglichkeiten. Sei es in Sachwerte wie Immobilien oder seltene Fahrzeuge, in die klassischen Aktien, in Kryptowährungen, oder in ETFs, um ein paar Beispiele zu nennen. Der Finanzmarkt weist eine recht große Palette von verschiedenen Möglichkeiten mit verschiedenen Risiken auf.

Ich rate dir, dich nicht nur auf eine Investmentmöglichkeit zu beschränken, sondern dein Kapital auf verschiedene Varianten zu splitten. Mit diesem verringerten Risiko verhinderst du, dass du dein gesamtes angelegtes Geld durch mögliche Kursschwankungen verlierst. Du solltest also ein Portfolio aufbauen, mit dem du hohe Renditen erzielst und das Risiko minimierst. Für die Investments gibt es zwei goldene Regeln, die du dir merken solltest.

---

1. goldene Regel
„Je geringer die Rendite ist, desto geringer ist das Risiko und umgekehrt."

> **2. goldene Regel – Diversifikation**
> „Je größer die Streuung des Vermögens auf unterschiedliche Anlageformen ist, desto größer ist auch die Risikoverteilung und desto krisenbeständiger ist das Vermögen angelegt."

Je mehr Wissen du dir aneignest, desto einfacher wird dir es fallen, die richtige Anlage für dich herauszufinden. Als ich mich für diesen Weg entschieden habe, habe ich verschiedene Kurse besucht, an verschiedenen Coachings und Workshops teilgenommen und viele Bücher aus den entsprechenden Bereichen gelesen, um mir möglichst viel Wissen anzueignen. Dies hat mir sehr geholfen, daher kann ich dir nur empfehlen, das Gleiche zu tun. Du wirst dadurch ein besseres Gefühl und Gespür für die Anlagemöglichkeiten entwickeln, wenn du besser über die gesamte Thematik Bescheid weißt. Am Anfang solltest du jedoch damit beginnen, in Vermögenswerte zu investieren, bei denen du dich wohlfühlst.

Du kannst dein Geld für dich arbeiten lassen, durch diese folgenden vier bekannten Möglichkeiten:

Einnahmen aus Zinsen

Investierst du dein Geld in Staats- oder Unternehmensanleihen oder festverzinsliche Wertpapiere, erhältst du
hierdurch Zinsen. Das bedeutet, dass du zum Beispiel
der Bank oder einem Unternehmen Geld ausleihst und
am Ende etwas mehr wieder zurückbekommst. Wie
eine Art Kredit.

Diese Methode gilt als sehr sicher. Insbesondere,
wenn du dein Geld in Emittenten investierst, den man
vertrauen kann. Zum Beispiel in deutsche Staatsanleihen. Allerdings ist hier dein Geld in den meisten Fällen
sehr lange gebunden und die Renditen fallen meistens
sehr gering aus.

Einnahmen durch Dividenden

Investierst du Geld in Unternehmensanteile, also Aktien, beteiligt dich das jeweilige Unternehmen an den
Gewinnen. Diese Dividenden werden dann entweder
jährlich, halbjährlich, quartalsweise oder monatlich an
dich ausgeschüttet bzw. ausgezahlt. Entscheidest du
dich für die richtigen Firmenanteile, ist diese Variante
vergleichsweise sicher.

Einnahmen durch Kursgewinne

Die Investoren in diesem Bereich werden auch als Trader bezeichnet. Als Trader kauft man unter anderem

Devisen, CFDs, Aktien oder Kryptowährungen. Diese werden dann anschließend für einen kurzen oder mittelfristigen Zeitraum gehalten und sobald der Kurs in diesem Zeitraum steigt, verkauft man seine Anteile wieder. Somit ist die Differenz zwischen den Kaufs- und Verkaufskurs der Gewinn.

Einnahmen durch Immobilien

In Deutschland ist diese Variante eine der beliebtesten, da viele durch den realen Vermögenswert das Gefühl haben, eine sichere Geldanlage zu haben, wodurch sie ebenso ein passives Einkommen besitzen. Allerdings darf man das Risiko möglicher Leerstände, teuren Reparaturen oder aber schlechter Mieter nicht völlig außer Acht lassen. Außerdem gab es vor nicht allzu langer Zeit in Spanien die sogenannte Immobilienblase, wodurch die Immobilien stark an Wert verloren haben. Spanien ist nicht Deutschland, doch man kann sich nie zu 100 Prozent sicher sein.

DIE VERSCHIEDENEN MÖGLICHKEITEN DER ANLAGESTRATEGIE UND DEREN RISIKEN

Es gibt eine Vielzahl von Anlagestrategien sowie Möglichkeiten, die du in dein Portfolio aufnehmen kannst. Nicht verwechseln solltest du die Begriffe Portfolio und Depot. Das Depot bezieht sich lediglich auf die Verwahrung sowie die Verwaltung von Wertpapieren. Somit ist es ein Bestandteil des Anlagenportfolios.

Das Portfolio hingegen besteht aus vielen verschiedenen Anlagemöglichkeiten wie Edelmetallen, Wertpapierdepots, Immobilien etc. Wie bereits erwähnt, solltest du das Geld, welches du anlegen möchtest, sinnvoll aufteilen. Auch ich habe damals bei meinen ersten Anlagen festgestellt, dass ich mich in einem gewissen Spannungsfeld bewege. Dieses Feld nennt man auch das magische Dreieck. Dieses setzt sich aus Rentabilität/Anlageinstrument, Verfügbarkeit/Zeithorizont sowie Sicherheit/Anlage-ziel, zusammen. In der individuellen Anlagestrategie werden somit dein Sicherheitsbedürfnis, dein Anlagenhorizont sowie deine Renditenerwartung berücksichtigt. Du solltest darauf achten, dass deine Liquidität immer sichergestellt ist.

Daher solltest du dir also ein finanzielles Polster auf einem Tagesgeldkonto anlegen.

Um dir ein Portfolio zusammenzustellen, musst du dich selbst einschätzen und dir ein paar Fragen stellen. Du solltest ebenso die Verfügbarkeit und die Laufzeit der Assets, also der Anlagegüter, aufteilen.
Die selbsteinschätzenden Fragen sehen so aus:

• Über welchen Zeitraum kann ich meine Investitionsanteile anlegen und wann benötige ich wieder Geld?
• Bin ich bereit, ein größeres Risiko einzugehen, um höhere Renditen zu erzielen, trotz bestehender Gefahr vollständiger Verluste?
• Bin ich mit geringeren Renditen zufrieden und genieße hierbei die größtmögliche Sicherheit?
• Habe ich bisher Erfahrung mit Geldanlagen und Wertpapieren?

Anlageberater vor Ort sind verpflichtet, nach §34 Wertpapierhandelsgesetz, den potenziellen Anlegern diese Fragen im Beratungsprotokoll zu stellen. Bei Onlinebanken wird eine Selbstauskunft verlangt. Die folgende Kategorisierung stuft dich als Anleger ein. Die Anlegermentalitäten sind der konservative Anleger, welcher auf sehr auf die Sicherheit setzt und diese über die Renditen stellt, der ausgewogene Anleger wiederum setzt zwar hauptsächlich auf die Sicherheit, geht aber auch ein gewisses Risiko ein. Der dynamische Anleger allerdings setzt bewusst auf ein hohes Chance-Risiko-Profil.

Value und Growth bilden die Basisansätze der Anlagestrategie. Das Wort Value bedeutet auf Deutsch „Wert" und dient der langfristigen Strategie. Zu den Value-Aktien gehören zum Beispiel die Aktien von Daimler.

Die Growth-Papiere sind Unternehmensaktien, welche sehr geringe Dividenden ausschütten. Hier ist eher die große Kursphantasie im Vordergrund, wie durch zum Beispiel ein bestimmtes Innovations-Patent.

Das bedeutet also, dass die Value-Aktien sich für die sicherheitsorientierten Anleger eignen und die Growth-Aktien eher für die risikofreudigen geeignet sind.

Die sieben Risikoklassen deiner Geldanlage

RK 7 – extrem spekulativ (Drittländer-, Branchen- und Hedgefonds)
RK 6 – spekulativ wachstumsorientiert (Dividendenfonds, Optionsscheine, Junk Anleihen, Futures, Optionen)
RK 5 – konservativ wachstumsorientiert (Aktien aus Drittländern, Hochzins-Staatsanleihen, Währungs-anleihen mittlerer Bonität, OTC Aktien)
RK 4 – solide ertragsorientiert (Aktienfonds, Aktien, ETFs mit soliden europäischen Standard-werten)
RK 3 – konservativ sicherheitsorientiert (Euro-Anleihen mit guter Bonität, festverzinsliche Wert-papiere, Mischfonds)
RK 2 – Sicherheitsorientiert (Rentenfonds mit ausgezeichneter Bonität, gewöhnliche Kapitallebensversicherung mit Kapitalzins)
RK 1 – Sicherheit (Tagesgeld, Sparbriefe, Bausparverträge, kurzfristiges Festgeld, Europa-Geldmarktfonds)

Immobilien

Immobilien sind eine gute und nahezu sichere Kapital-anlage, durch die man monatliche Renditen erwirt-schaften kann. Grundsätzlich eignen sich sowohl Ein-familienhäuser, einzelne Wohnungen oder ganze Wohnblocks. Aufgrund der Tatsache, dass vor allem Einfamilienhäuser oder aber auch Doppelhäuser in den meisten Fällen einen großen Grundstücksanteil besit-zen, fällt hier die Rendite in der Regel vergleichsweise kleiner aus. Allerdings ist die Rendite eines Mehrfami-lienhauses im Vergleich zum Einfamilienhaus dennoch höher. Beim Verkauf des Objekts wiederum kann ein großes Grundstück vorteilhaft sein, weil auch die Grundstücke eine werthaltige Anlage sind und diese den Wiederverkaufswert erhöhen.

In den meisten Fällen werden einzelne Wohnun-gen gekauft. Hier kann es dann mit der Eigentümerge-meinschaft zu Problemen bei der Absprache oder der Koordination kommen. Sollte es finanziell möglich sein, sollte man also darüber nachdenken, direkt ein ganzes Wohnhaus zu kaufen.

Hohe Renditen sind vor allem bei Gewerbe-Immo-bilien möglich. Allerdings besitzen diese ein höheres Risiko aufgrund von Marktschwankungen, weshalb diese Immobilienart für Privatleute eher nicht geeignet ist. Die Renditenerwartung bei den Anlageimmobilien ist zum einen eine Sache des korrekten Timings, als auch eine Sache des Glücks. Allerdings kann man die Rendite auch in gewisser Weise abschätzen. So ist beispielsweise der Kaufpreis in gewissen Städten wie Hamburg oder München ziemlich hoch und die anfängliche Rendite eher sehr gering. Jedoch ist die Rendite auf lange Sicht deutlich attraktiver. So kann es genau umgekehrt bei gewissen Anlageimmobilen sein, bei denen die anfänglichen Renditen recht hoch ausfallen. In den meisten Fällen ist dies der Fall in Regionen mit einer schwachen Struktur. Hier kann es dann dazu kommen, dass die Mieteinnahmen langfristig nicht steigen, sondern sogar in die Leerstände gehen.

Die derzeitigen Zinsen kommen dir momentan, wenn du eine Anlageimmobilie kaufen möchtest, ebenso zugute. Zumindest, wenn du eine Immobilie mit einer langen Zinsbindung kaufst. So wird der Zinssatz gleich bleiben, selbst wenn in der Zukunft die Zinsen weiter ansteigen. Ein Restrisiko bleibt jedoch immer. So kann deine Immobilie ihren Wert verlieren, wenn die Lage, in der sie steht, entweder an Beliebtheit verliert oder sie durch schlechte Mieter völlig verwohnt werden. Du solltest also, falls du dich für den Immobilienkauf entscheidest, die „Abnutzung" und den „Verschleiß" der Immobilie unbedingt mit einkalkulieren. Hierfür gibt es eine ungefähre Faustregel. Um den Wert der Immobilie zu erhalten, musst du ungefähr nach 30 Jahren den Kaufpreis nochmal investieren.

Trotz alledem bleibt eine Immobilie eine recht sichere Anlage, deren Renditenerwartung man relativ leicht und präzise errechnen kann. Man sollte sich also vor dem Kauf folgende Dinge genau anschauen: Wie sind der Zustand und die Ausstattung der Immobilie? Wie ist die Lage und gibt es eine gute Verkehrs- und Stadtanbindung? Hat die Immobilie ein attraktives Umfeld mit Grünanlagen, Spielplätzen etc.?

Uhren

Uhren werden schon seit vielen Generationen als Wert- bzw. Kapitalanlage genutzt. So gibt es einige Modelle, deren Wert sich in der Vergangenheit um das Hundertfache vermehrt haben. Man muss allerdings sagen, dass sich nicht viele Uhren als eine wirklich rentable Wertanlage eignen. Hierfür brauchst du ein umfassendes Fachwissen. Allerdings sind vor allem in Bezug auf die steigende Inflation, sowie der niedrigen Zinsen und den globalen Finanzkrisen, Uhren eine recht gute Anlage zum Werterhalt.

Hierbei gibt es jedoch einiges zu beachten. Du brauchst einiges an Erfahrung, um lukrative Möglichkeiten aufzuspüren. Ebenso benötigst du ein recht hohes Maß an Sach- und Marktkenntnissen in diesem Bereich, um überhaupt zu erkennen, welche Uhr sich als Anlage eignet und welche eben nicht – und zum Schutz für dich selbst, um nicht über den Tisch gezogen zu werden.

Der Wert der Uhr wiederum wird durch verschiedene Faktoren beeinflusst. Diese sind unter anderem die technischen Eigenschaften der Uhr. In erster Linie jedoch ist es die Marktbeurteilung. Je größer die Nachfrage nach einer bestimmten Uhr ist, desto mehr steigt auch ihr Wert. Der ideelle Wert einer Uhr, welcher für manche sehr hoch sein kann, spielt allerdings nicht in den tatsächlichen Marktwert mit ein und muss daher bei dieser Kapitalanlage gänzlich ausgeblendet werden. Hinzu kommt, dass gewisse Uhren einem Modetrend unterliegen können. Besteht weniger Interesse, sinkt der Wert. Du solltest also auf gewisse Dinge bei dem Uhrenkauf achten und am besten immer ein zeitloses Design auswählen. Weitere Faktoren, die den Wert beeinflussen sind die Qualität der Verarbeitung, die Anzahl der gefertigten Modelle sowie der Hersteller und der Zustand der Uhr. Außerdem musst du wissen, dass große Gewinne in diesem Bereich nur auf lange Sicht eintreten können.

Du musst beim Kauf auf einige Kriterien achten. Diese sind einmal die Verarbeitung. Handgefertigte Uhren sind mit höchster Qualität gefertigt worden. Bei gebrauchten Uhren solltest du auch unbedingt auf eine qualitative Verarbeitung achten. Hier kann es immer sein, dass diese schon einmal repariert wurden. Der nächste Faktor ist die Handwerkskunst. Vor allem bei exklusiven Uhren zeigt das Innenleben der Uhr immer eine qualitative und kunstvolle Mechanik. Die Herstellung solcher Uhren ist sehr kompliziert. Dann kommt als nächster Faktor auch schon die limitierte Anzahl und namenhafte Hersteller. Wie bei vielen Dingen ist der Wert der Uhr abhängig vom Namen und dem Ruf des Herstellers. Der wichtigste Faktor ist allerdings das Echtheits-Zertifikat. Dies ist eine Urkunde oder eine eingravierte Nummer. Ohne diese kann selbst die wertvollste Uhr deutlich an Wert verlieren. Der Grund hierfür ist, dass vor allem bei den Luxusuhren viele Fälschungen auf dem Markt sind. Als Wertanlage eignen sich grundsätzlich Uhren wie Rolex, Breitling, Patek Phillipe, Glashütte und Lange und Söhne. Einige der Modelle bei diesen Herstellern erwarten zwar keine große Wertsteigerung, allerdings bieten sie bei guter

Pflege eine gute Preisstabilität unabhängig der Inflation.

Oldtimer und seltene Fahrzeuge

Auch Oldtimer werden als Wertanlage immer beliebter. Allerdings ist hierbei auch einiges zu beachten. Denn nur im Originalzustand ist dieser eine Wertanlage. Du benötigst also einiges an Fachwissen, um mögliche Unwägbarkeiten zu erkennen. Das Risiko, über den Tisch gezogen zu werden, ist vor allem dann, wenn man sich in dem Thema nicht gut auskennt, recht groß.

Zu diesen Unwägbarkeiten gehören zum Beispiel schwer zu erkennende alte Unfälle, eine manipulierte Laufleistung oder sogar Fälschungen. Du siehst also, wenn du dich hierfür entscheidest, solltest du dir dringend einen Experten suchen, damit du nicht dein Geld verlierst. Außerdem ist ein Oldtimer als Wertanlage nur dann vermeintlich sicher, wenn der Originalzustand so gut es geht dokumentiert ist und bestimmte Restaurierungen von einem Fachmann und mit Originalteilen durchgeführt wurden. Hinzu kommt, dass du darauf achten musst, dass der Wertzuwachs die anfallenden Kosten übersteigt.

Die anfallenden Kosten sind unter anderem die Wartungs- und Reparaturkosten. Steht das Auto nur rum, entstehen Standschäden, wird es gefahren, entsteht Verschließ. Ein Oldtimer als Wertanlage benötigt also einiges an Pflege, große Leidenschaft und ein großes Portemonnaie.

Die meisten Oldtimer, welche sich als Wertanlage eignen, besitzen einen ziemlich hohen Kaufpreis. Dennoch möchte ich dir die geeigneten Fahrzeuge einmal aufzählen. Dies wäre zum Beispiel der Ferrari 250 GTO und ist der teuerste Oldtimer der Welt. Doch auch Sportwagen aus den 60ern, wie der Lamborghini Miura, der Porsche 911 und der Jaguar E-Type eignen sich. BMWs aus den 70ern, amerikanische Pony Cars und der Mercedes 300 SL und Roadster eignen sich ebenso. Ein weiterer Klassiker ist der VW Bulli. So hat der Bulli der zweiten Generation vor allem in den letzten 20 Jahren sehr stark an Wert gewonnen.

Kunstobjekte

Kunstobjekte sind nicht nur schön anzusehen, sondern können auch ebenso als Wertanlage dienen. Allerdings stehen hierbei nicht unbedingt die Renditen im Vordergrund. Hier ist es vor allem die Freude an etwas Besonderem. Meisterwerke von Picasso, Van Gogh, Paul Cézanne, Amedeo Modigliani oder Claude Monet sind für die meisten Menschen dieser Welt aufgrund der extrem hohen Preise unzugänglich. So wurde zum

Beispiel das Gemälde Salvator Mundi von einem Saudi-Arabischen Kronprinz für stolze 450,3 Millionen Dollar verkauft und die Preisspirale solcher Gemälde kennt kein Ende.

Doch es gibt auch Kunstwerke, die sich nicht in einem solch hohen Preissegment bewegen. Als Anfänger eignen Kunstwerke im tausender-Bereich, welche recht wertstabil sind. Hier sind allerdings keine hohen Renditen zu erwarten. Du solltest also wissen, was du genau möchtest und was du für Möglichkeiten hast. Ebenso ist ein Fachwissen in diesem Bereich dringend vonnöten, um nicht beim Kauf eines vermeintlich wertvollen Gemäldes ziemlich auf die Nase zu fallen. Außerdem musst du darauf achten, dass du nicht in Kunst investierst, die einem derzeitigen Hype unterliegt. Denn wenn dieser Hype endet, verliert das Gemälde genauso schnell seinen Wert und du hast dein Geld verloren. Um also in ein wertbeständiges Kunstwerk zu investieren, solltest du dich an die klassischen Werte halten und nicht zu der zeitgenössischen Kunst greifen. Ist der Künstler bereits etabliert, sind die Voraussetzungen für einen Wertzuwachs gegeben. Allerdings kommt es auch hier wieder darauf an, in welcher Galerie und bei welchem Galeristen die Kunstwerke des Künstlers zu finden sind. Ebenso kommt es darauf an, ob dieser nur national oder auch international und in anerkannten Museen vertreten ist.

Ich kann dir nur empfehlen, in Werke investieren, von deren Künstler nur eine geringe Anzahl von Gemälden existiert. Denn diese genießen dann gewissermaßen einen Seltenheitswert, wodurch der Wert konstanter bleibt oder gewisse Renditen erwirtschaftet werden können. Für die Kunst ist die Preisentwicklung auch von der allgemeinen Wirtschaftslage abhängig. Wenn es der Wirtschaft gut geht, steigen die Kunstpreise.

Gold und andere Edelmetalle

Edelmetalle wie Gold, Silber, Platin oder aber auch das weniger bekannte Palladium sind eine gute Wertanlage. All diese Edelmetalle dienten uns Menschen schon seit der Frühzeit als eine Geldanlage.

Bereits in der Antike wurden Silber und Gold als Zahlungsmittel verwendet und erst sehr viel später durch das jetzige Papiergeld abgelöst. Vom US-Dollar wurde die Goldpreisbindung 1971 aufgelöst, wodurch die Währungen ab 1973 frei fluktuieren konnten. Dies wiederum hatte auch direkte Auswirkungen auf den Goldkurs, sodass sich dieser frei gestalten konnte. Während unser Papiergeld kontinuierlich durch die Inflation an Wert verliert, sind die Goldkurse nahezu

ANNIKA REINMANN

konstant gestiegen. Natürlich gab es hier und da mal
kleine Wertverluste. Diese fallen allerdings nicht ins
Gewicht.

Ein Beispiel: Wenn ein Brot im Jahr 1950 umge-
rechnet 0,23 Euro, 0,67 Euro im Jahr 1970, 1,63 Euro im
Jahr 1990 und im Jahr 2007 3,25 Euro gekostet hat,
siehst du, dass die Preisentwicklung in 57 Jahren um
rund 1400% gestiegen ist. Der Goldpreis wiederum be-
wegte sich bei 34.20 USD im Jahr 1950. Im Jahr 2007 lag
er bei 600 USD und hat somit innerhalb dieser Jahre
einen Wertanstieg von rund 1750 %. Daran siehst du
schon, dass die Investition in Gold eine sehr stabile Sache ist. Denn Edelmetalle sind von der Inflation unabhängig und krisenbeständig. Sie behalten ihren Wert
oder der Wert steigt, wodurch diese reale Wertanlage
sich sehr gut eignet, um sein Geld sinnvoll anzulegen.

Ein Nachteil wiederum ist, dass man mit der Anlage in Edelmetalle keine laufenden Erträge erzielt.
Edelmetalle wie Silber oder Platin unterlegen hin und
wieder kurzfristigen oder mittelfristigen Kursschwankungen. Sie sind in ihrem Wert nicht ganz so stabil wie
Gold, wobei auch hier der Kurs immer mal schwanken
kann. Ein weiterer Nachteil vor allem bei physischem
Gold ist, dass mögliche Aufbewahrungs- und Transak-
tionskosten anfallen. Der Kauf von Silber wiederum

unterliegt der Umsatzsteuer in Deutschland. Wenn du dich für diese Investition entscheiden solltest, achte am besten darauf, dass zum Beispiel das Gold auch wirklich physisch vorhanden ist und du nicht nur Gold auf Papier kaufst.

Es gibt einige Händler, die Gold auf Papier verkaufen, obwohl dieses noch gar nicht geschürft wurde. Bei Banken gibt es in der Regel eine Mindestmenge, allerdings gibt es auch Anbieter, die zum Beispiel Gold in Kleinsteinheiten verkaufen. Diese eignen sich vor allem im Falle einer Hyperinflation sehr gut als ein alternatives Zahlungsmittel und somit ebenso auch als eine sehr gute Anlage für die Rente.

Ein eigenes Business
Starte dein eigenes Business. Du kannst dir durch ein Online-Business, also beispielsweise durch Network-Marketing, ein passives Einkommen aufbauen. Es gibt unzählige Networks, in denen du arbeiten kannst. Sei es im Bereich Gesundheit, Finanzen, Technik oder aber auch vom Verkauf von Edelmetallen.

In den meisten Fällen musst du dir ein Starter-Paket kaufen, die Kosten unterscheiden sich je nach Unternehmen und je nach Paket. Durch dieses bist du dann berechtigt, ebenso für das Unternehmen die Dienstleistung oder das Produkt zu verkaufen und weitere Geschäftspartner aufzubauen. Diese werden dann unter dir in der Struktur eingeschrieben und sobald diese auch etwas verkaufen, bekommst du eine prozentuale Provision. Es gibt unterschiedliche Geschäftsmodelle, durch die du hier passiv Geld verdienen kannst. So ist es bei einigen Unternehmen der Fall, dass du sogar bis in die dritte Ebene deiner Geschäftspartner mitverdienst.

Allerdings muss man sagen, dass es, um sich ein gutes passives Einkommen hierdurch aufzubauen, einiges an Zeit beansprucht. Viele denken, sie könnten das hobbymäßig nebenbei laufen lassen und erreichen dann in kurzer Zeit ihr Ziel. Dies ist jedoch ein Irrtum. Es dauert seine Zeit und vor allem Einsatz. Es gibt Networks, die nur eine gewisse Personengruppe ansprechen und welche, die eine deutlich größere Personengruppe erreichen. Bei Letzterem ginge es natürlich etwas einfacher. Solltest du dich für diesen Weg entscheiden, achte unbedingt, bevor du Geld in ein Starter-Paket investierst, darauf, was das für ein Unternehmen bzw. Network ist. Häufig wird man direkt von Partnern dieses Unternehmens angesprochen, welche dich auch als Partner einschreiben wollen und selber gar kein richtiges Hintergrundwissen besitzen. Denn es gibt leider viele Networks, die zum Scheitern verurteilt sind. Welche, die ihren Partnern das Geld aus der Tasche ziehen, indem sie die Provisionen nicht mehr auszahlen und dann einfach „verschwunden" sind. Du solltest dir also Rat bei jemanden holen, der sich auskennt, damit du nicht auf so einen Scam hereinfällst. Denn vor allem am Anfang kann es noch etwas schwierig für dich sein, zu wissen, worauf du direkt achten musst.

Bist du allerdings Partner in einem guten Unternehmen, steht dir finanziell nichts mehr im Wege. Du kannst durch diese Strukturen des Network-Marketings und des Multi-Level-Marketings sehr hohe Provisionen durch eine große Partnerstruktur erzielen. Aber wie gesagt, das geschieht nicht von heute auf morgen. Auch dies ist ein Lernprozess.

Aktien

Unter Aktien werden Firmenanteile verstanden. Somit bist du als Aktienbesitzer ein Mitbesitzer des jeweiligen Unternehmens. Aktien dürfen nur von Firmen herausgegeben werden, die die Unternehmensform SE – Europäische Gesellschaft, KGaA – Kommanditgesellschaft auf Aktien, oder AG – Aktiengesellschaft, besitzen.

Du als Privatperson kannst die Aktien entweder über einen Broker oder mittels eines Depots erwerben.

Nicht zu vergessen ist, dass die Kursaktien ständige Schwankungen mit sich bringen. Diese Kursschwankungen sind von verschiedenen Faktoren abhängig. Diese wären die individuelle Strategie des Unternehmens sowie die politische und wirtschaftliche Lage. Demnach können diese Schwankungen mal kleiner und mal größer ausfallen, wodurch ggfs. Verluste entstehen. Die Summe aller herausgegebenen Aktien des Unternehmens wird in gleiche Teile zerlegt. Diese werden dann schließlich an den Kaufinteressenten herausgegeben. Es gibt verschiedene Formen bzw. Klassen von Aktien. Unterschieden werden sie in erster Linie durch die Art der Unternehmensbeteiligung, sowie den dazugehörigen Rechten des Aktionärs. Die Stamm- und Vorzugsaktien eignen sich vor allem für Privatanleger.

Die meisten Deutschen sind allerdings keine Aktienfans. Sie nämlich nicht die geeignetste Wahl, um schnell sein Geld vermehren zu können. Auf lange Sicht allerdings sorgen vor allem diese Investments für einen angenehmeren Schlaf. Die Investition in die richtigen Aktien, die dir eine gewisse Sicherheit bieten, lohnt sich erst nach etwa 20 Jahren.

Hast du also beispielsweise im Jahr 1960 Geld in Aktien investiert, hattest du nach 5 Jahren abzüglich der Inflation, rund 6,64 % Gewinn. Nach 10 Jahren 14,14 % und nach den 20 Jahren einen Gewinn 10,55 % abzüglich der Inflation.

Im Jahr 1980 hätte es so ausgesehen. Du hättest nach 5 Jahren 14,02 % erzielt, nach Abzug der Inflation hättest du jedoch nur noch 4,38 % gehabt. 10 Jahre später hätte dein Gewinn nur noch bei 0,40 % gelegen. Nach den 20 Jahren, hättest du allerdings wieder ein Plus von 2,73 %.

Im Jahr 2000 hättest du auf dein Investment nach 5 Jahren mit Abzug der Inflation 15,40 % erzielt. Weitere 10 Jahre später wärst du bei 14,41 % und hättest nach den 20 Jahren ein Gewinn von 11,69 % erzielt.

2006 hätte es so ausgesehen. Du hättest nach den 5 Jahren wieder mit Abzug der Inflation 3,14 % erzielt, nach 10 Jahren 5,84 % und hättest nach 20 Jahren 8,49 % Gewinn auf dein Investment erzielt.

Du siehst also an diesen Beispielen aus der Vergangenheit, dass selbst durch Kursschwankungen der Aktien, diese auf lange Sicht immer einen Gewinn einbringen.

Vorzugsaktie

Bei einer Vorzugsaktie erhältst du kein Stimmrecht. Dies bedeutet wiederum, dass du eben keinen Einfluss auf Entscheidungen bei den Hauptversammlungen hast. Allerdings werden dir dafür gewisse Vorzüge bei den Dividendenauszahlungen zugeteilt. Diese Vorzüge können zum Beispiel höhere Dividenden sein.

Stammaktie

Die Stammaktie ist im Grunde das Gegenteil der Vorzugsaktie. Diese Aktienform wird am häufigsten verwendet. Hierbei hast du als Aktionär für jede deiner Aktien eine Stimme. Diese kannst du dann bei den Hauptversammlungen nutzen und so bei Entscheidungen des Unternehmens mit teilhaben. Außerdem besitzen alle Stammaktien den gleichen Wert. Sie enthalten denselben Gewinnanteil.

Namensaktie

Bei den Namensaktien, wirst du als Aktionär namentlich in dem Aktienregister eingetragen. Hierdurch ist ein erhöhter Aufwand verbunden. Vorteilhaft ist allerdings, dass du als Aktionär dem Unternehmen bekannt bist. Dadurch kann dieses in bestimmten Fällen mit dir in Kontakt treten.

Inhaberaktien

Diese Aktienform ist das Gegenteil zu den Namensaktien. Die Aktien werden auf das Unternehmen ausgestellt, sodass du anonym bleibst. Bei Großaktionären gibt es in diesem Bezug allerdings eine Ausnahme. Aufgrund des großen Prozentanteils müssen diese Aktien gemeldet werden. Für Privatanleger allerdings weisen diese Aktien einen geringen bürokratischen Aufwand auf.

Bist du Aktienbesitzer, hast du gewisse Rechte und Pflichten, an die du gebunden bist. Diese unterscheiden sich, je nachdem, für welche Aktien du dich entscheidest. Die für dich wichtigsten Rechte sind zum einen das Recht auf die Gewinnbeteiligung und zum anderen das Teilnahmerecht an den Hauptversammlungen, bei denen du ein Stimmrecht hast. Nach der Anzahl deiner Aktien richtet sich dann die Größe deines Stimmrechts.

Die damit einhergehenden Pflichten als Aktienbesitzer sind, diese auch zu bezahlen sowie die Treuepflicht dem Unternehmen gegenüber. Die Treuepflicht bedeutet, dass du weder gegen die Interessen des Unternehmens noch das der anderen Aktionäre handeln darfst. Du darfst also nichts tun, was dem Aktienunternehmen schadet.

Anleihen

Als Anleihen werden festverzinsliche Wertpapiere verstanden und werden auch oft als Rentenpapier, Obligation oder Schuldverschreibung bezeichnet. Unterschieden wird außerdem in zwei verschiedene Arten von Anleihen: die Staatsanleihen und die Unternehmensanleihen. Bei diesen hat der Käufer sowohl das Recht auf die Rückzahlung der Investition, als auch das Recht auf die Zahlung der Zinsen.

Der Zinssatz unterscheidet sich je nach Anleiheart. Manche sind fix und manche sind variabel. Die variablen Zinssätze entstehen durch eine Kopplung an die Inflation, wodurch Verluste entstehen können. Zur Zinsausschüttung kommt es entweder regelmäßig innerhalb oder am Ende der Laufzeit. Wichtig zu wissen ist allerdings, dass die Anleihen nicht bis zum Laufzeitende gehalten werden müssen. Kaufen oder verkaufen kannst du sie an der Börse immer zum aktuellen Kurswert. Die Emittenten, also der Herausgeber der Anleihe, nutzen diese für ein langfristiges Finanzierungsmittel. Somit kauft der Anleger keine Firmenanteile, sondern stellt lediglich das Fremdkapital für das emittierende Unternehmen.

Wenn du dich für die Investition von Anleihen entscheidest, solltest du dir außerdem genau die eventuell anfallenden Nebenkosten anschauen. Es fallen sowohl Steuern für die Zinserträge, als auch Depotkosten für die Führung deines Wertpapierkontos an. Diese Nebenkosten können am Ende dazu führen, dass deine Rendite um einiges geringer ausfällt. Hinzu kommt, dass manche Banken Mindestgebühren festsetzen, welche von dem Transaktionsvolumen unabhängig sind und es bei Fremdwährungen zu Wechselkurskosten kommt. Möchtest du nun in Anleihen investieren, kannst du aus der Mindeststückelung, die du also mindestens investieren musst, entscheiden. Diese liegt meistens bei 1.000 €, 10.000 € und 100.000 €. Die Mindestlaufzeit der Anleihen ist in der Regel zwischen 3 und 4 Jahren. Bei mittelfristigen Anleihen bewegt sich die Laufzeit zwischen 3 und 7 Jahren.

Unternehmensanleihen

Benötigt ein Unternehmen Kapital, kann es Anleihen emittieren. Für das Unternehmen haben die Anleihen den Vorteil, dass sie nicht wie bei den Aktien Firmenanteile verkaufen müssen und so keine neuen Miteigentümer aufnehmen. Am Ende der Laufzeit werden den Anlegern sowohl der Nennwert, also das investierte Geld, als auch die Zinsen zurückgezahlt. Das Unternehmen ist zur Zinszahlung verpflichtet.

Staatsanleihen

Die Deutsche Staatsanleihe heißt Bundesleihe. Diese Staatsanleihen dienen als langfristiges Finanzierungsmittel.

Devisen

Die Devisen sind nichts anderes als eine Währung und sind damit sowohl ein Zahlungsmittel als auch ein Tauschmittel. Diese Devisen kannst du auf dem Forex-Markt kaufen und verkaufen. Hierbei steht Forex für Foreign Exchange. Über einen Devisenbroker kannst auch du zu Hause mit Devisen handeln. Dafür musst du dir lediglich bei einem Broker ein Konto eröffnen und für ein bestimmtes Währungspaar eine Position eröffnen. Hierbei setzt du dann auf einen entweder steigenden oder sinkenden Währungskurs. Du kannst schon mit einem kleinen Betrag einen hohen Gewinn erzielen. Allerdings solltest du, wenn du mit dem Forex-Trading beginnen möchtest, unbedingt mit einer Stop-Loss-Funktion arbeiten. Hierbei werden die offenen Positionen automatisch geschlossen, wenn der festgelegte maximale Verlust erreicht ist.

Die Risiken beim Devisenhandel sind vor allem die Hebelwirkung, die Handelsgebühren bzw. Kosten und die Sicherheitsleistung/Margin. Dadurch, dass nur ein gewisser Anteil der Transaktion mit deinem

Eigenkapital hinterlegt sein muss, resultiert die Hebel-wirkung. Festgelegt wird die Hinterlegung oder die Margin – die hinterlegte Sicherheitsleistung – vom Broker. Bei der Margin-Anforderung ist der Hebel das Reziproke, also der Kehrwert. Somit entspricht ein Prozent einer Margin ebenso einem Hebel von 100. Hierdurch kannst du, bei einer positiven Kursentwicklung, eine 100-fache Rendite erzielen. Allerdings kann es hierdurch ebenso, bei einer schlechten Kursentwicklung, zum Totalverlust deines Kapitals kommen. Außerdem kann es durch den Broker, wenn deine Hinterlegung zur Verlustabdeckung nicht ausreicht, zu einem Margin-Call kommen. Der Broker fordert dich also auf, Kapital nachzuschießen, um die noch offenen Verluste abzudecken.

Du siehst also, dass du durch das Devisentrading viel Geld erzielen, aber auch alles an Geld verlieren kannst. Du solltest dich also mit diesem Thema, bevor du mit dem Trading anfängst, genauer beschäftigen, um nicht dein gesamtes Kapital zu verlieren. Außerdem kommt es für dich als Trader auch zu Handelsgebühren. Diese solltest du stets im Auge haben. Die Unterschiede der Gebühren bei Mindesteinlagen sind sehr groß.

Investmentfonds und Hedgefonds

Du kannst dir einen Investmentfonds vorstellen wie einen großen Topf. In diesen Topf zahlen viele Anleger Geld ein. Dieses Geld wird wiederum in Immobilien, Wertpapiere oder andere Dinge investiert. Läuft alles so wie es soll, bekommen die Anleger am Ende mehr Geld wieder, als sie eingezahlt haben. Läuft es nicht so, wie es soll, können Verluste entstehen.

Unterschieden werden verschiedene Fonds. Es gibt Aktienfonds, Rentenfonds, Geldmarktfonds, Immobilienfonds, Mischfonds sowie nachhaltige Fonds und Rohstofffonds. Allerdings unterliegen alle Investmentfonds den Marktrisiken. Vor allem bei den Aktienfonds fallen diese besonders hoch aus. Bei den Rentenfonds wiederum eher geringer. Bei den Spezialfonds kommen zu den Marktrisiken auch noch technologie-, länder- und branchenspezifische Risiken sowie das Währungsrisiko hinzu.

Willst du dich also für ein Investmentfonds entscheiden, solltest du unbedingt für ein gutes Fondsmanagement sorgen, um mögliche Verluste zu minimieren. Ebenso solltest du auf das „Klumpenrisiko" achten. Häufig wird nicht ausreichend darauf geachtet, welche Werte in den Fonds wirklich enthalten sind. So kann es schnell zu einer sogenannten Risikoballung kommen. Dies geschieht, wenn die Fondsmanager nur auf den Titel oder die Branche setzen, die gerade angesagt ist. Somit ist die Risikostreuung beim Erwerb von verschiedenen Fonds nicht mehr gegeben. Es empfiehlt sich daher, die Positionen, die sich in dem erworbenen Fonds befinden, regelmäßig zu kontrollieren. Außerdem sollten Sondervermögen gegen eine annähernd gleiche und sehr ähnliche Struktur ersetzt werden.

Du siehst also: Die Investition in Fonds birgt einige Risiken. Du solltest dir also im Vorfelde genaue Gedanken darüber machen und dich gut informieren.

ETFs
Die Abkürzung ETFs steht für exchange traded funds. Dies sind Investmentfonds, welche du an der Börse kaufen und verkaufen kannst. Die eigentliche Bedeutung der ETFs umfasste die aktiv und die passiv gemanagten und börsengehandelten Fonds. Beim Basisindex bilden die Passiven die Wertentwicklung. Durch die Anlage der Wertpapiere, welche im Index enthalten sind, können die ETF Anbieter eine Wertentwicklung erreichen, welche nur gering vom Basisindex abweicht. Ziel der passiv gemanagten ETFs ist es, den Vergleichsindex abzubilden. Den Index zu schlagen, ist wiederum das Ziel der aktiv gemanagten Fonds.

Der Vorteil der ETFs ist, dass du fast alles damit machen kannst, was du auch mit Aktien machen kannst. Die Benchmark kannst du bereits bei einer einmaligen Transaktion abbilden. Wo es wiederum für einzelne Anleger sonst schwer ist, den Benchmark-Index abzubilden.

Der Unterschied der ETFs zu den normalen Fonds ist, dass die „normalen" Fonds lediglich einmal pro Tag gehandelt werden und, dass die herkömmlichen Fonds häufig an der Börse nicht notiert sind. Möchtest du deine Fondsanteile verkaufen, geschieht dies durch die Rückgabe an die jeweilige Depotbank oder die Fondsgesellschaft. Daher muss immer für eine ausreichende Liquidität bei den herkömmlichen Fonds gesorgt sein. Hinzu kommt, dass es bei diesen Fonds keine Sicherstellung der genauen Nachbildung zum Index gibt. Dies kann zur Folge haben, dass die Indexentwicklung größer ausfällt als die Wertentwicklung. Veränderungen in der Politik oder der Wirtschaft wird können sich auf die ETFs auswirken. Bedeutet also, dass unterschiedliche Risiken des Marktes, die positive Entwicklung von Unternehmen, Indizes oder Märkten beeinflussen. Dies führt wiederum zu einem negativen Einfluss auf die Wertentwicklung der ETFs. Ein weiteres Risiko ist das Kursrisiko. Durch Kursschwankungen von zum Beispiel Aktienindizes kommt es ebenso zu gewissen Risiken. Bei ETFs die nicht Euro notiert sind, besteht außerdem ein Wechselkursrisiko.

Kryptowährungen

Kryptowährungen sind virtuelle Währungen wie zum Beispiel der Bitcoin. Diese werden in einem dezentralen Zahlungssystem als Zahlungsmittel eingesetzt, bei dem die Zahlungsströme durch das Kryptographie-Prinzip verschlüsselt sind. Dies ist auch als Blockchain bekannt. Die Blockchain kannst du dir wie eine lange Liste vorstellen, welche mit den Transaktionen der Kryptos gefüllt ist. Damit unterstehen sie keiner Behörde und auch keiner Organisation. Die zahlreichen Kryptowährungen kannst du ähnlich wie die Devisen traden. Hierfür gibt es bestimmte Plattformen. Getradet wird, wie auch bei den Devisen, auf eine steigende und fallende Kursentwicklung.

Die Risiken sind ebenso die Gleichen. Es gibt Kryptowährungen, die keinen realen Wert besitzen. Diese können durch Kursschwankungen komplett auf 0 fallen. Allerdings gibt es auch welche, die einen Background besitzen. So gibt es zum Beispiel welche, die an Firmen gekoppelt sind und andere, bei denen Edelmetalle wie Gold hinterlegt sind. Es gibt also durchaus auch Kryptos, die einen realen Gegenwert besitzen, wodurch sie selbst nach Kurseinbruch nicht ihren gesamten Wert verlieren.

WESHALB GESPARTES GELD SEINEN WERT VERLIERT UND NICHT ZUM ZIEL FÜHRT

Stichwort Inflation. Die Inflation gab es in Zeiten des Papiergeldes schon immer und ist ein schleichender Prozess. Ein gutes Beispiel hierfür ist eine Kugel Eis, die damals noch ein paar Pfennige gekostet hat, aber heute teilweise über einen Euro kostet. Die höhere Menge an Geld, die im Umlauf ist, ist mit ein Grund für Preiserhöhungen und aufgrund der Inflation existiert mehr Geld. Je größer also die Inflation ist, desto größer die Geldmenge und umgekehrt. Hierdurch werden zudem die einzelnen Geldeinheiten entwertet. Legst du also dein Geld einfach nur beiseite, wird es durch die Inflation immer weniger wert.

Problematisch ist allerdings, dass die Inflation in gewisser Weise von der Politik gewollt ist. Zumindest solange sie nicht zu groß wird. Der Grund hierfür ist unter anderem der Abbau von Staatsschulden. Denn der reale Wert sinkt, sobald die Geldmenge erhöht wird. Du solltest dein Geld also sinnvoll anlegen. Nur auf dem Sparbuch, wo die Zinsen unterhalb der Inflationsrate sind, angelegt, kannst du zusehen wie dein Geld Monat für Monat weniger wird. Doch auch Angebot und Nachfrage sind Faktoren, die die Inflation beeinflussen. So steigt der Preis für ein bestimmtes Produkt an, wenn eine große Nachfrage vorhanden ist. Ein weiterer Faktor sind erhöhte Steuern, sodass die Produkte auch teurer werden.

Bereits in der Vergangenheit hatte Deutschland schon mehrfach mit der Inflation bzw. einer Hyperinflation zu tun. So sank der Geldwert in den Jahren 1914-1923 so stark, dass Gehälter teilweise täglich ausgezahlt wurden und die Bevölkerung mit großen Taschen ihr Geld abgeholt hat. Die Geschäfte waren voll, da die meisten ihr Geld gegen Waren eintauschen wollten. Später tauschten sie sogar lieber Ware gegen Ware statt gegen Geld. Angefangen hat dies nach dem Kriegsausbruch 1914. Die Reichsbanknoten wurden durch Staatsschuldpapiere gedeckt. Was zur Folge hatte, dass der Staat sich bei seiner Bevölkerung verschuldete und auch weiter noch bei der Reichsbank verschuldet war. Die Reichsbank musste also im Gegenzug immer weiter Geld in Umlauf bringen. Dies hatte zur Folge, dass im Jahr 1918 Deutschland vor extremen finanziellen Problemen stand. So kamen neben den Kriegsschulen weitere sehr hohe Sozialausgaben. Diese dienten dazu, das sozial, politisch und wirtschaftlich kaputte deutsche Reich wieder zu stabilisieren. Allerdings mussten die Deutschen außerdem hohe Reparationen an die Siegermächte abtreten, sodass die Regierung bei der Reichsbank immer größere und mehrere Kredite aufnahm. Und wieder musste die Reichsbank mehr Geldnoten in Umlauf bringen, sodass die Preise extrem gestiegen sind. So kam es im Jahr 1923 zur Hyperinflation. Das Geld hatte keine Funktion mehr als Wertaufbewahrungs- oder Zahlungsmittel. Es war praktisch nichts mehr wert.

Als kleines Beispiel: Im Juni 1923 kostete ein Ei in Berlin rund 800 Reichsmark und im Oktober 1923 ganze 320 Milliarden Reichsmark. Ein Liter Milch kostete in Berlin im Juni 1923 1.440 und im Oktober 1923 stolze 360 Milliarden Reichsmark. Die Bevölkerung rechnete nicht mehr mit Scheinen, sondern mit Bündeln und das Geld wurde in Schubkarren transportiert. Es kam immer wieder dazu, dass die Schubkarren geklaut wurden, da diese mehr wert waren als das Geld. Ebenso wurde das Geld zweckentfremdet und als Heizmaterial und Schmierpapier verwendet. Die Regierung musste sich etwas einfallen lassen. So brachten sie eine Währungsreform heraus. Die Rentenmark löste die

Reichsmark im November 1923 ab. Die Geldschulden und auch die Geldvermögen wurden schließlich durch die Inflation vollständig entwertet, wodurch der Staat am meisten profitierte. Die 154 Milliarden Mark Kriegsschulden waren nach der Einführung der Rentenmark auf 15,4 Pfennige geschrumpft.

Auch während des Zweiten Weltkrieges kam es zu einer Staatsverschuldung, um die Kriegsführung zu finanzieren. Es kam ebenso wieder zu einer Geldmengenausweitung. Um zu verhindern, dass die Bevölkerung die Inflation sichtlich merkt, wurden sowohl Preisstopps, Rationierungen und Bezugsscheine sowie Lohnfestsetzungen eingeführt. Dennoch endete auch diese Geldentwertung im Jahre 1948 mit der Einführung der D-Mark. Diese konnte dann in einem Verhältnis von 1 zu 10 eingetauscht werden. Wieder empfanden sich die Sparer und auch die Personen, die ein Geldvermögen besaßen, als enteignet.

In den Jahren 1970 bis 1980 wiederum kam es zu einer hohen weltweiten Inflation. Grund hierfür war unter anderem die Niedrigzinspolitik der US-Bank, um ihre Defizite des Haushalts auszugleichen, welche wieder durch den Krieg entstanden waren. Weitere Faktoren waren die beiden Ölkrisen, sowie Preisschocks bei Lebensmitteln, die die Inflation immer weiter angefacht haben. Jetzt haben wir seit dem Jahr 2002 den Euro, die Preissteigerung findet von Jahr zu Jahr statt, die Inflation existiert.

Wenn auch nicht so extrem wie in der Vergangenheit, lernt man dennoch an dieser, dass man sein Geld unbedingt anders verwalten sollte als auf der Bank. Die Anlage in Gold ist recht risikoarm. Von daher lohnt es sich einen Teil seines Geldes darin zu investieren. Es ist sehr wertstabil und nimmt sogar an Wert zu, du bist in Krisen abgesichert durch ein Zahlungsmittel, welches seit tausenden von Jahren existiert und verlierst kein Geld.

DIE 1-MONATS-CHALLENGE – INTEGRIERE DIE TECHNIKEN DES BUCHES IN DEINEN ALLTAG

Als nächsten Schritt empfehle ich dir eine Challenge zu machen und die genannten Techniken und Tipps in deinen Alltag einzubauen, damit du deine Geldsorgen in Zukunft hinter dir lassen kannst. Motivation und Fokus stehen hier im Vordergrund. Viele von den beschriebenen Tipps lassen sich ganz einfach umsetzen, bei anderen hingegen ist ein Umdenken deinerseits notwendig.

Am besten ist es, wenn du zum Beispiel erst einmal mit kleinen Dingen, wie dem Schreiben einer entsprechenden Einkaufsliste, anfängst. Achte hierbei auf die genannten Punkte. Plane dein Essen für einen längeren Zeitraum, so kannst du ebenso Geld einsparen. Am einfachsten ist es also, wenn du dir am Anfang die Tipps heraussuchst, die du leicht umsetzen kannst. Es macht nicht so viel Sinn, alle auf einmal umsetzen zu wollen. Das funktioniert meistens nicht und führt nicht zum Ziel. Fange also mit einigen an, die dir leicht fallen und füge immer mehr der Techniken hinzu. Fordere dich selbst heraus und beweise dir, dass du es schaffen kannst. Auch ich habe mich am Anfang mit dieser Umstellung etwas schwergetan. Doch nach und nach fiel es mir immer leichter. Eine Gewohnheit abzulegen und eine Neue aufzubauen, dauert ungefähr 90 Tage. Bleibe immer am Ball und halte dir dein Ziel vor Augen. Du kannst es schaffen, sofern du es auch wirklich möchtest. Es lohnt sich auch, mit Menschen in Kontakt zu treten, die dasselbe Ziel haben wie du. Motiviert euch gleichzeitig, tauscht euch über bestehende Probleme oder Schwierigkeiten aus und meistert das Ganze zusammen. Das wird dir an manchen Tagen helfen, nicht die Motivation zu verlieren.

Fazit

Nachdem du dieses Buch gelesen hast, weißt du, worauf es ankommt und was du beachten musst, wenn du nach dem frugalen Lebensstil leben möchtest. Halte dir stets deine Ziele vor Augen und setze die von mir gegebenen Techniken und Tipps um. Auch ich habe es damals geschafft, also kannst auch du es schaffen. Erfreue ich an den kleinen Dingen und spare dein Geld so gut es geht. Stecke dein gespartes Geld in sinnvolle Anlagen, damit du einen Cashflow erzeugen und in Zukunft von den Renditen leben kannst. Nur gespartes Geld verliert seinen Wert, dies war schon immer so und wird vermutlich auch immer so bleiben. Hinterfrage dich selbst und hole dir im Zweifel Unterstützung, um die richtige Geldanlage für dich zu finden. Sei bereit, am Anfang auf einige Sachen zu verzichten und trauere dem nicht hinterher. Ich habe diesen Gedanken damals als Antrieb verwendet. Als Antrieb, um noch schneller mein Ziel zu erreichen.

Auch ich habe damals viele negative Meinungen, vor allem von manchen Freunden und Bekannten, zu hören bekommen. Lasse dich davon nicht demotivieren. Das Mindset und die Glaubenssätze von vielen Menschen sind stark begrenzt. Sie kennen oder realisieren nur das standardmäßige Leben des Vollzeit-Arbeiternehmers. Nimm diese Meinungen nicht persönlich, meistens meinen die Menschen es nur gut mit dir und wissen es nicht besser. Ein Grund mehr, denen zu zeigen, dass du es schaffen kannst. Mit der Hilfe dieses Buches und einiges an Persönlichkeitsarbeit wirst du dein Ziel erreichen und die Leute davon überzeugen.

Herstellung und Verlag:

BoD – Books on Demand, Norderstedt

ISBN: 9783754329146

1. Auflage

Kontakt: Psiana eCom UG/ Berumer Str. 44/ 26844 Jemgum

Covergestaltung: Fenna Larsson

Coverfoto: depositphotos.com